Impressum
Verlag: BABADADA GmbH, Nedderfeld 112 , 22529 Hamburg
Geschäftsführer / Verlagsleitung: Harald Hof
Druck: Books on Demand GmbH, In de Tarpen 42, 22848 Norderstedt

Imprint
Publisher: BABADADA GmbH, Nedderfeld 112 , 22529 Hamburg, Germany
Managing Director / Publishing direction: Harald Hof
Print: Books on Demand GmbH, In de Tarpen 42, 22848 Norderstedt, Germany

ليكول

школа

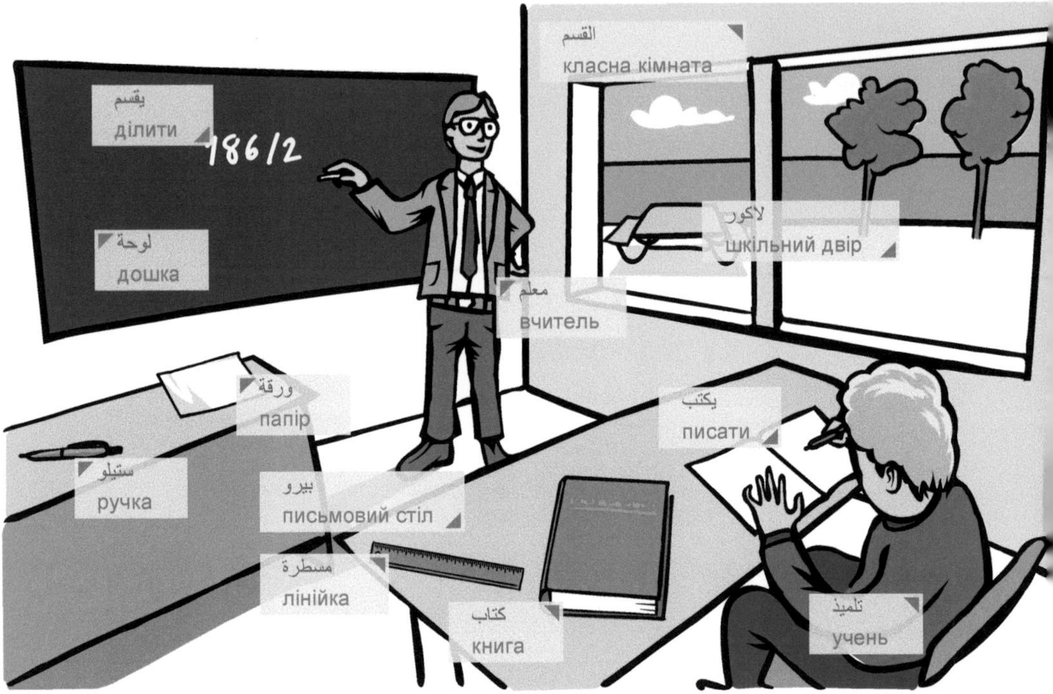
القسم
класна кімната
يقسم
ділити
186/2
لوحة
дошка
لاكور
шкільний двір
معلم
вчитель
ورقة
папір
يكتب
писати
ستيلو
ручка
بيرو
письмовий стіл
مسطرة
лінійка
كتاب
книга
تلميذ
учень

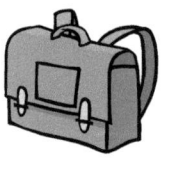

كرطاب

ранець

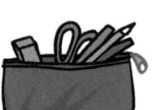

المقلمة

пенал

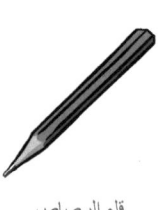

قلم الرصاص

олівець

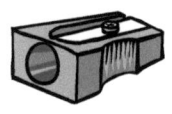

منجارة

точило

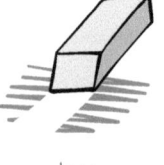

ممحا

гумка

الكايي تاع الرسم

альбом для малювання

الرسم

малюнок

البانسو

пензель

باتير

коробка фарб

مقص

ножиці

كولا

клей

كايي تاع التمارين

зошит

الواجبات

домашнє завдання

النيميرو

число

يجمع

додавати

يطرح

віднімати

يضرب

множити

يحسب

рахувати

الحرف

літера

الحروف

абетка

كلمة

слово

النص

....

текст

يقرأ

....

читати

طباشير

....

крейда

الدرس

....

година

دفتر المدرسي

....

класний журнал

اميا ازقيل

....

екзамен

سرتفيكا

....

диплом

لوكيل عات ةبللا

....

шкільна форма

التعليم

....

освіта

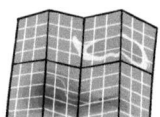

ليكسيك

....

лексикон

الجامعة

....

університет

المجهر

....

мікроскоп

الخريطة

....

карта

بوبال

....

кошик для паперу

فواياج

подорож

Grand
اوتال
готель
بيت الشباب
турбаза
ROOMS
بيرة تاع الصرف
обмінний пункт
EXCHANGE
فاليزة
валіза
لولو
автомобіль

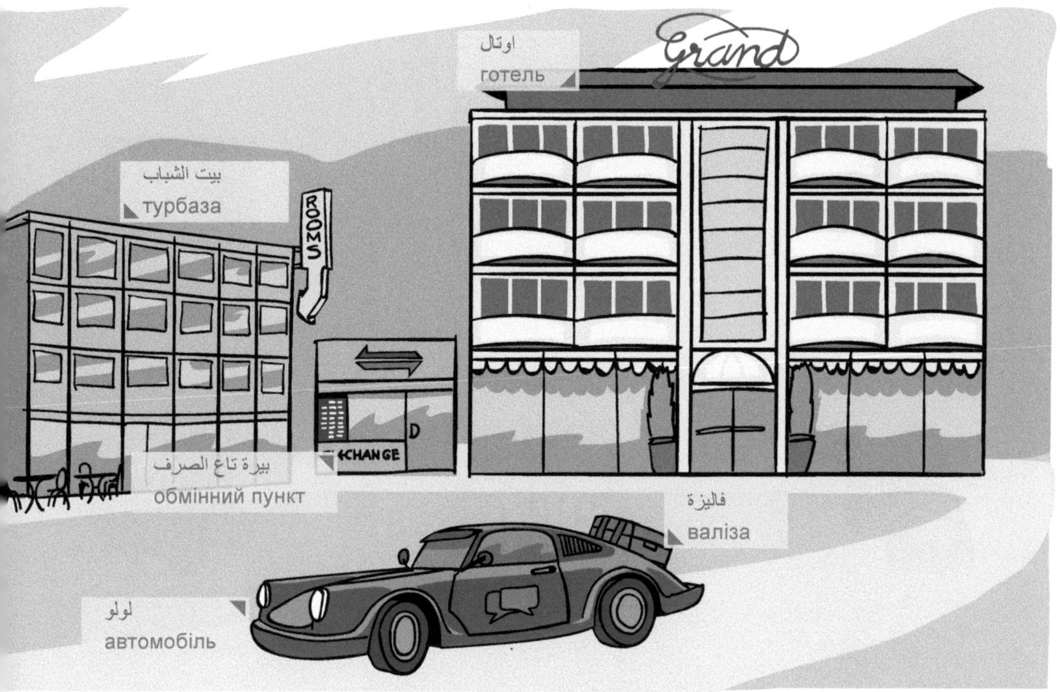

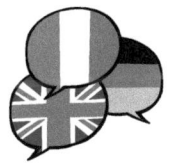

اللغة ليقصدها

мова

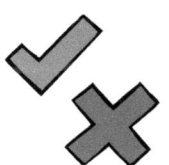

واه / لا

так / ні

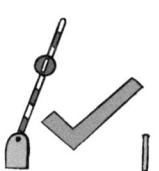

صحا

добре

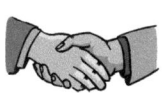

مرحبا

привіт

طرجمان

перекладач

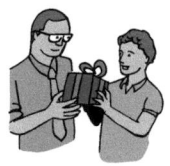

صحيت

дякую

شعمال السومة؟

Скільки коштує …?

مفهمتش

Я не розумію

مشكلة

проблема

مسلخير

Добрий вечір!

صباح لخير

Доброго ранку!

تصبح بخير

На добраніч!

بسلامة

До побачення

ديركسيو

напрямок

الباقاج

багаж

ساك

сумка

ساكادو

рюкзак

ضيف

гість

شمبرا

кімната

ساك تاع رقاد

спальний мішок

خيمة

намет

استعلامات سياحية
....
туристична інформація

بحر
....
пляж

كارطة ناع الكريدي
....
кредитна картка

فطور الصباح
....
сніданок

الفطور
....
обід

العشا
....
вечеря

البيي
....
квиток

اسونسير
....
ліфт

تامبر
....
поштова марка

الحدود
....
межа

الديوانة
....
митниця

سقارة
....
посольство

فيزا
....
віза

passport image

باسبور
....
паспорт

نقل

транспорт

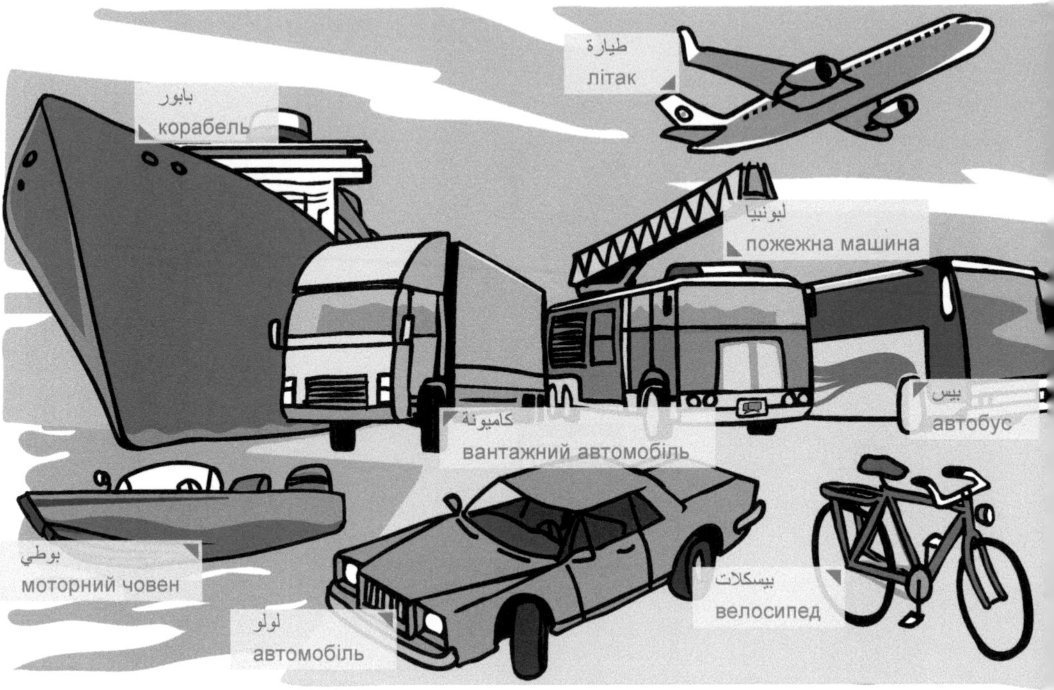
طيارة
літак
بابور
корабель
لبونبيا
пожежна машина
بيس
автобус
كاميونة
вантажний автомобіль
بوطي
моторний човен
بيسكلات
велосипед
لولو
автомобіль

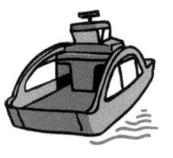

بابو

пором

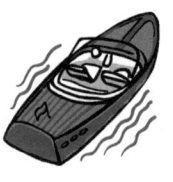

بوطي

човен

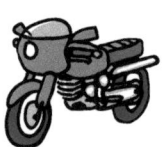

موطو

мотоцикл

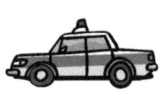

لوطو تاع لابوليس

поліцейська машина

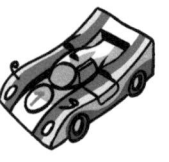

لوطو تاع السيباق

гоночний автомобіль

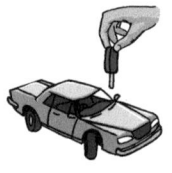

لوطو تاع كرية

автомобіль на прокат

لواطا تاع كرية

тільне користування авто

روموركو

евакуатор

كاميو تاع الزبل

сміттєвоз

موتور

двигун

ليسونس

паливо

ستاسيون

автозаправна станція

بانو

дорожній знак

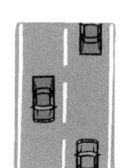

ترافيك

рух

سركالة

затор

باركينغ

стоянка

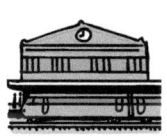

لاقار

вокзал

السبيكة

рейки

قطار

потяг

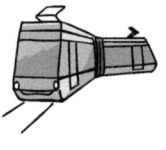

ترام

трамвай

فاغون

вагон

الہلیکبتار
....
гелікоптер

مطار
....
аеропорт

تور
....
вежа

مسافر
....
пасажир

كونتنار
....
контейнер

كرطونة
....
коробка

شاريو
....
візок

سلة
....
кошик

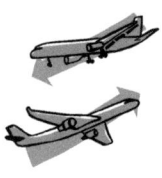

يقلع / يهود
....
стартувати / приземлятися

МІСТО

قرية
....
село

البلاد
....
центр міста

دار
....
дім

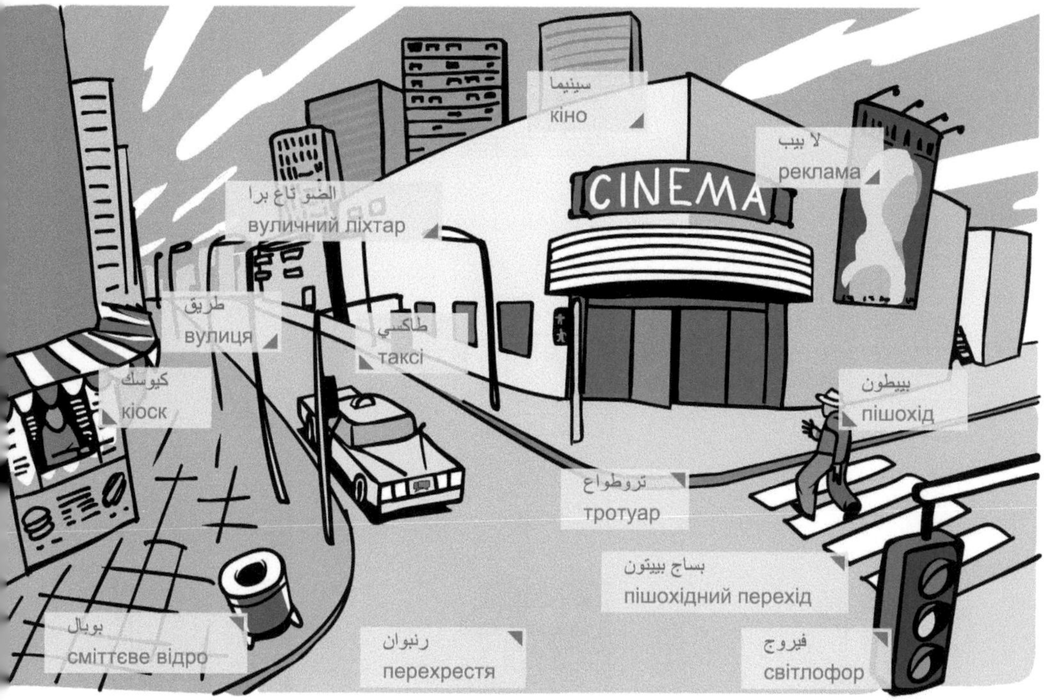

سينيما
ك</br>

كІНО

لا بيب
реклама

الضوء على برا
вуличний ліхтар

طريق
вулиця

تاكسي
таксі

CINEMA

بييطون
пішохід

كيوسك
кіоск

تروطواع
тротуар

بويال
сміттєве відро

رنبوان
перехрестя

بساج بييتون
пішохідний перехід

فيروج
світлофор

كوخ

хатина

برطمان

квартира

لاقار

вокзал

لاميري

ратуша

متحف

музей

ليكول

школа

مان - місто

11

الجامعة

університет

بانكة

банк

سبيطار

лікарня

اوتال

готель

فارماسي

аптека

بيرو

офіс

مكتبة

книжковий магазин

حانوت

магазин

فلوريست

квітковий магазин

سوبرات

супермаркет

مرشي

ринок

حانوت كبير

універмаг

مسمكة

торговець рибою

سونتر كومرسيال

торговельний центр

المينا

гавань

بارك

парк

بنك

лава

جسر

міст

درج

сходи

ميترو

метро

تونال

тунель

لاري تاع البيس

автобусна зупинка

بار

бар

مطعم

ресторан

صندوق البريد

поштова скринька

البانوات

вулична табличка

مقياس زمن الوقوف

лічильник паркування

حديقة حيوانات

зоопарк

بيسين

басейн

جامع

мечеть

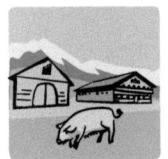

فيرما

ферма

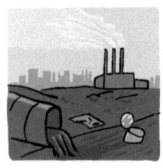

التلوث

забруднення навколишнього середовища

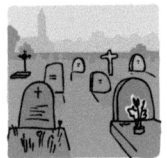

مقبرة

кладовище

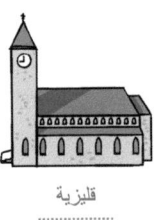

قليزية

церква

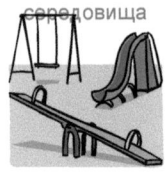

بارك

дитячий майданчик

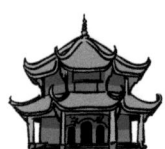

معبد

храм

الريف

ландшафт

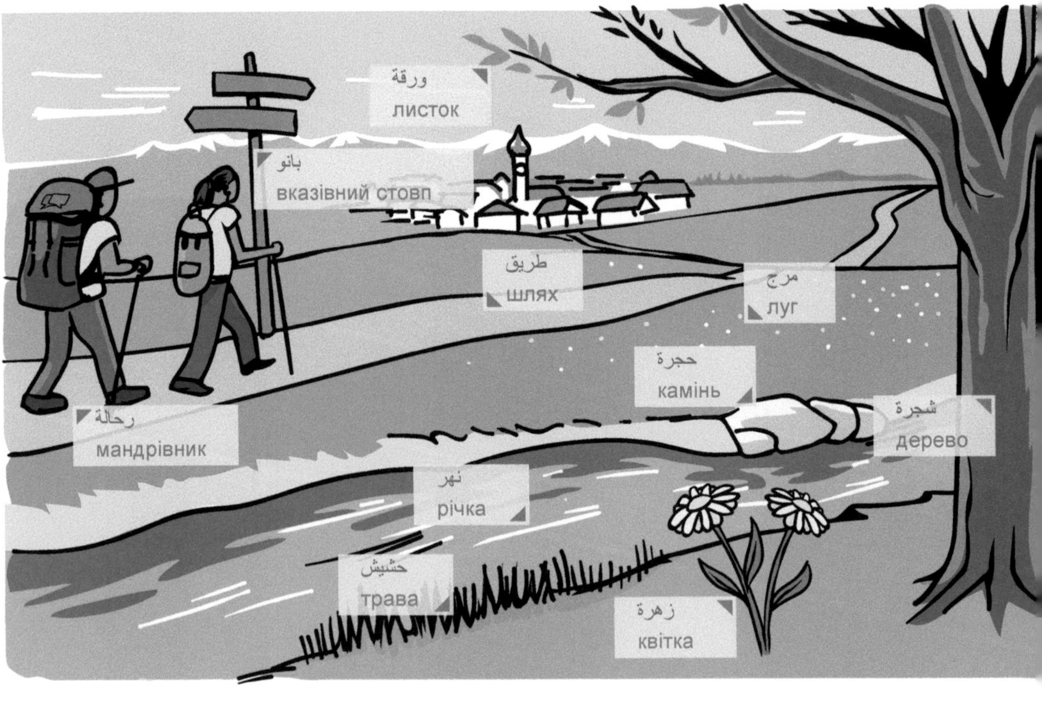
ورقة
листок
بانو
вказівний стовп
طريق
шлях
مرج
луг
حجرة
камінь
رحالة
мандрівник
شجرة
дерево
نهر
річка
حشيش
трава
زهرة
квітка

واد
долина

جبل
гора

بحيرة
озеро

غابة
ліс

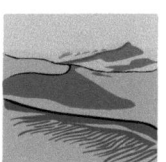

صحرا
пустеля

بركان
вулкан

شاطو
замок

قوس قزح
веселка

فطر
гриб

نخلة
пальма

ناموسة
комар

ذبانة
муха

نملة
мурашка

نحلة
бджола

رتيلة
павук

خنفوس

жук

جرانة

жаба

سنجاب

вивірка

قنفود

їжак

قنينة

заєць

بومة

сова

زاوش

птах

بجعة

лебідь

حلوف

кабан

عزالة

олень

إلكة

лось

سد

гребля

الطاحونة

вітряк

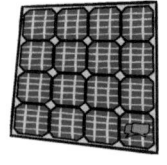

خلية شمسية

сонячний модуль

كليما

клімат

مطعم

ресторан

سارفور
офіціант
المونيو
меню
كرسي
стілець
سوبة
суп
بيتزا
піца
ناب
скатертина
كوفار
столові прилади

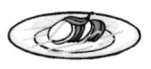

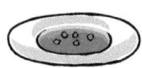

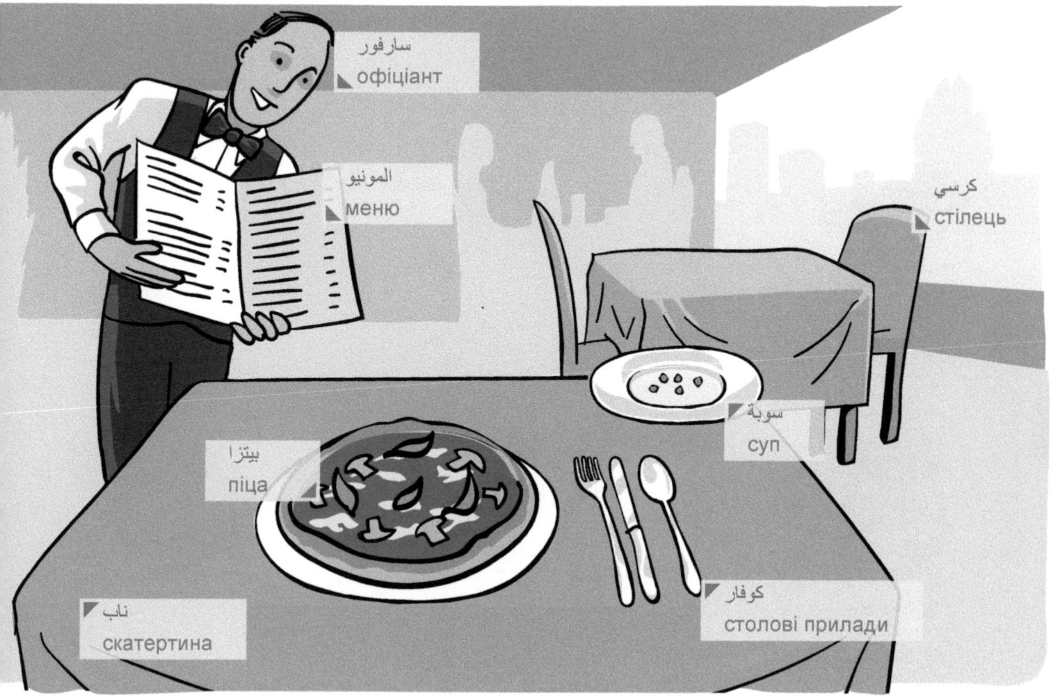

اوردوفر

закуска

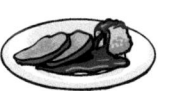

الطبق الرئيسي

друга страва

ديسار

десерт

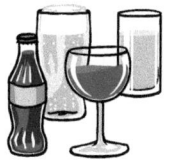

مشروبات

напої

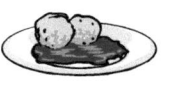

ماكلة

їжа

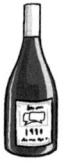

القرعة

пляшка

فاست فود

фаст-фуд

ماكلة نديه معايا

вулична їжа

براد اتاي

чайник

سكرية

цукорниця

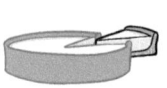

طرف

порція

ماشينة تاع اكسبريسو

еспресо-машина

كرسي عالي

високий стільчик

فاتورة

рахунок

سني

піднос

خدمي

ніж

فرشيطة

вилка

مغيرفة

ложка

مغيرفة تاع لاتاي

чайна ложка

سربيتة تاع الطابلة

серветка

كاس

склянка

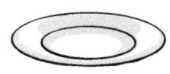

طبسي

تارілка

بول

тарілка для супу

طبسي تاع الفنجال

блюдце

لاصوص

соус

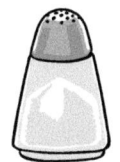

القوطي تاع الملح

солонка

طحان تاع الحرور

млин для перцю

خل

оцет

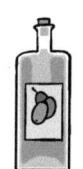

زيت

масло

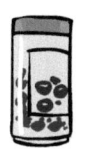

ليزيبيس

спеції

كتشوب

кетчуп

موطارد

гірчиця

مايونيز

майонез

سوبرات

супермаркет

بروموسيو
пропозиція
FOR
كلويون
клієнт
مشتقات الحليب
молочні продукти
فاكية
фрукти
شاريو
візок для покупок

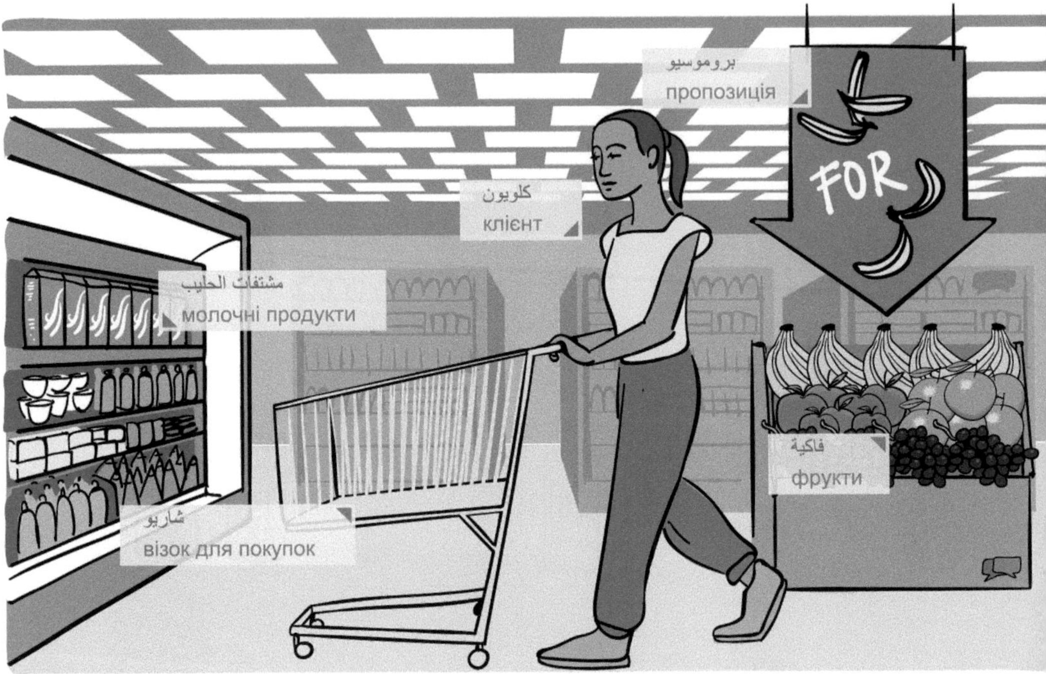

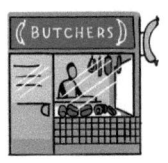

بوشي

м'ясний магазин

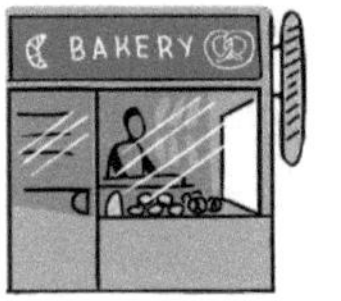

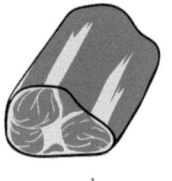

بولونجي

пекарня

يوزن

зважувати

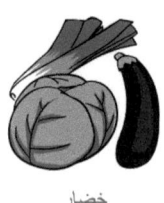

خضار

овочі

لحم

м'ясо

سيرجولي

заморожені продукти

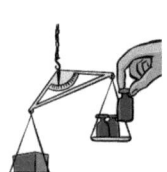

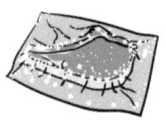

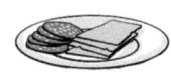

كاشير

ковбасна нарізка

كونسارف

консерви

ليسغل تاع الومو

пральний порошок

الحلويات

солодощі

الدار حوالص

предмети домашнього побуту

ديتارجو

мийний засіб

فوندوز / خدامة فالحانوت

продавщиця

ساكا

каса

كاسسي

касир

ليستا تاع الشري

список покупок

سوايع الخدمة

часи роботи

متزدات

гаманець

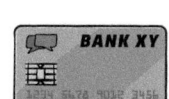

كارطة ناع الكريدي

кредитна картка

ساك

сумка

بورسة

поліетиленовий пакет

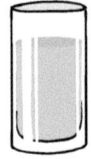

المــاء

вода

جوس

сік

حليب

молоко

كوكا

кола

الشراب

вино

البيرة

пиво

شراب

алкоголь

كاكاو

какао

لاتاي

чай

قهوة

кава

اكسبريسو

еспресо

كابوتشينو

капучіно

بانانة

банан

تفاح

яблуко

تشينا

апельсин

بطيخ

кавун

ليم

лимон

كروطة / زرودية

морква

ثوم

часник

بانبو

бамбук

بصل

цибуля

شانبينيو

гриб

بندق

горішки

ليات

локшина

سباقيتي

спагеті

روز

рис

سلاطة

салат

ليفريت

картопля фрі

ليفريت

смажена картопля

بيتزا

піца

هانبورقر

гамбургер

سندويش

бутерброд

اسكالوب

шніцель

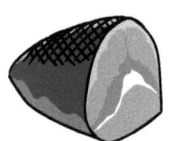

لحم الحلوف

шинка

سامي

салямі

مرقاز

ковбаса

جاجة

курка

لحم مشوي

печеня

حوت

риба

شوفان

вівсяні пластівці

موسلي

мюслі

كورن فلكس

кукурудзяні пластівці

فرينة

борошно

كرواسون

круасан

خبيزة

булочка

الخبز / كسرة

хліб

خبز محمر

тостовий хліб

بيسكوي

печиво

زبدة

масло

لبن

сир

قاطو

пиріг

بيض

яйце

بيض مقلي

яєчня

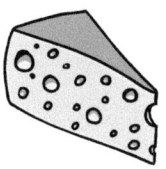

فرماج

сир

لاكرام
....
морозиво

سكر
....
цукор

عسل
....
мед

كونفتير
....
мармелад

نوقا
....
нуга-крем

الكاري
....
карі

فيرما

ферма

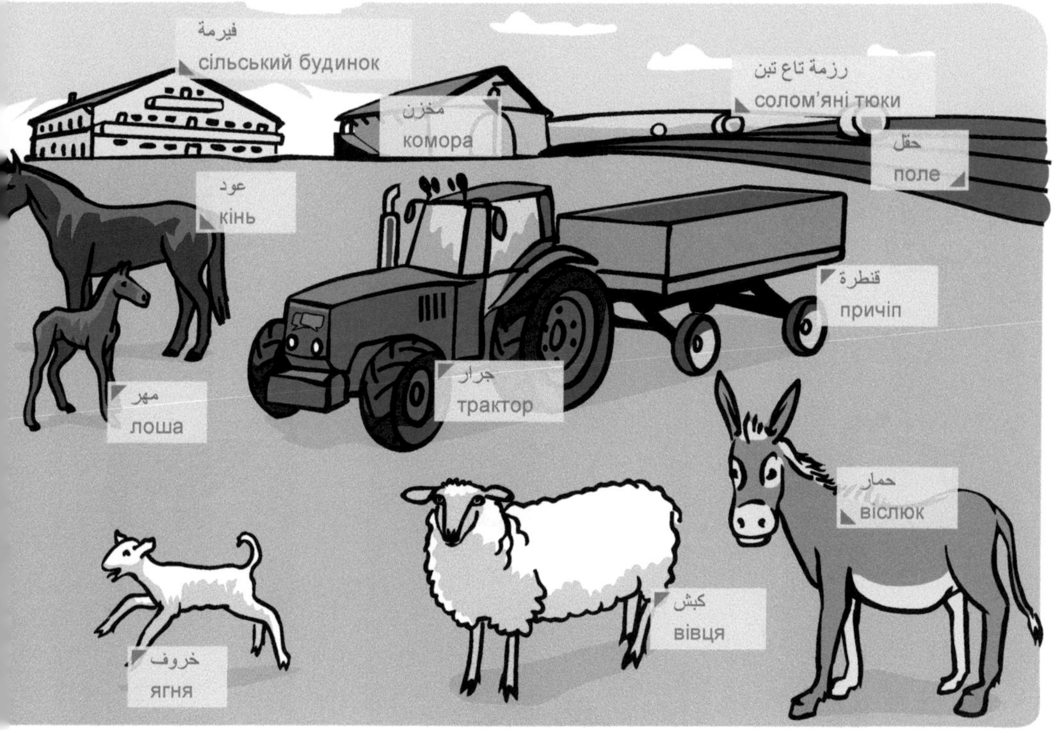
فيرمة
сільський будинок
مخزن
комора
رزمة تاع تبن
солом’яні тюки
حقل
поле
عود
кінь
قنطرة
причіп
جرار
трактор
مهر
лоша
حمار
віслюк
كبش
вівця
خروف
ягня

معزة

коза

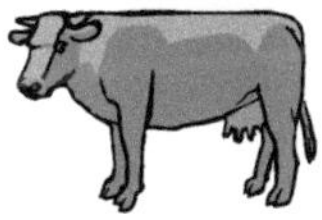

بقرة

корова

عجل

теля

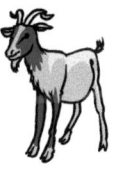

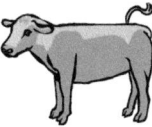

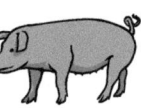

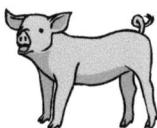

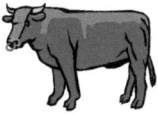

حلوف

свиня

حلوف صغير

порося

طورو

бик

وزة

гусак

بطة

качка

فلوس

курча

جاجة

курка

ديك رومي

півень

طوبا

щур

قطة

кіт

فأر

миша

ثور

віл

كلب

собака

دار الكلب

собача будка

تييو

садовий шланг

إبريق

лійка

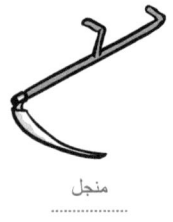

منجل

коса

محراث

плуг

منجل

серп

الفاس

мотика

مذراة الزبل

вила

شاقور

сокира

برويطة

тачка

معلف

корито

قابة تاع حليب

бідон молока

ساشيا

мішок

سياج

паркан

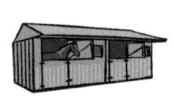

صطبل

хлів

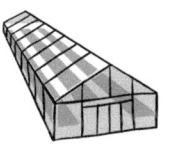

بوطاجي

теплиця

تراب

ґрунт

بذور

насіння

سماد

добриво

حصادة

комбайн

يحصد
....
пожинати

الغلة
....
урожай

بطاط
....
корінь ямсу

قمح
....
пшениця

صويا
....
соя

بطاطا
....
картопля

ماييس
....
кукурудза

سلجم
....
ріпак

شجرة تاع فاكية
....
плодове дерево

منيهوت
....
маніок

الخبوب
....
злаки

شومينْي
димохід

سقْف
дах

بالة
водостічний лоток

ثاقة
вікно

قاراج
гараж

صونتات
дзвінок

باب
двері

بوبال
відро для сміття

بواطة تاع البرية
поштова скринька

جاردان
сад

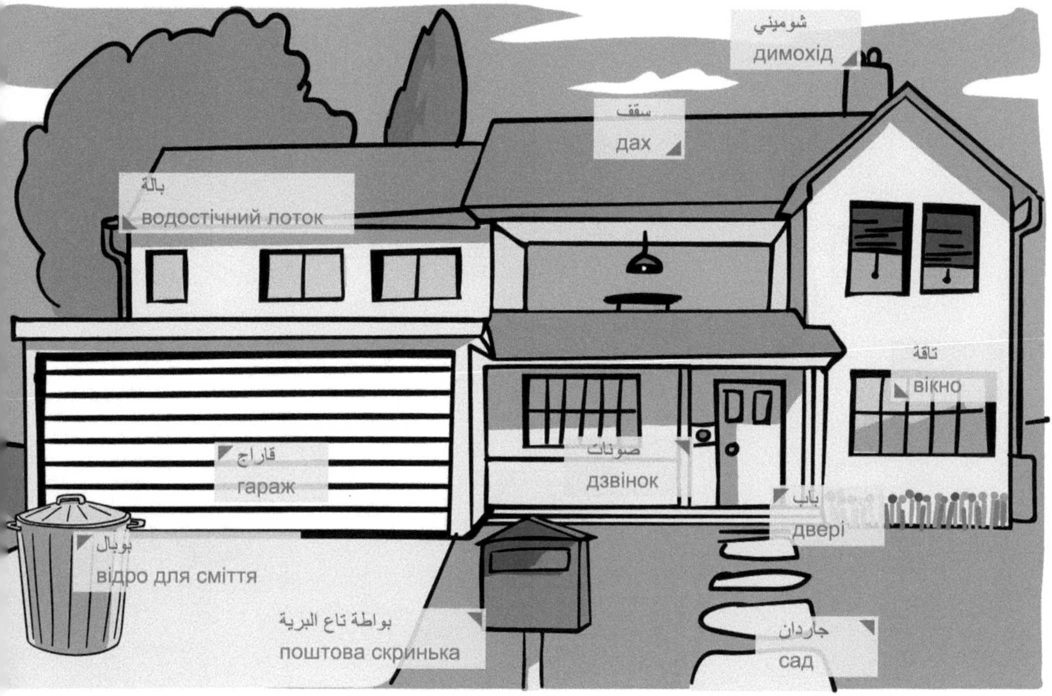

صالون
вітальня

الحمام
ванна кімната

كوزينا
кухня

شامبرا تاع رقاد
спальня

شمبرا تاع ذراري
дитяча кімната

صالة مونجي
їдальня

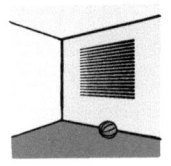

لرض

підлога

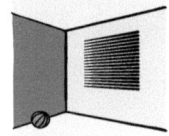

حيط

стіна

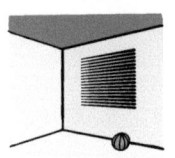

بلافو

стеля

كافا

підвал

سونا

сауна

بالكون

балкон

تيراسة

тераса

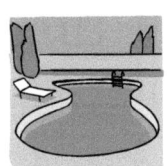

بيسين

басейн

جزارة تاع حشيش

косарка

ااووس

простирало

كووات

ковдра

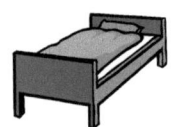

ناموسية

ліжко

مصلحة

мітла

بيدو تاع صليح

відро

انتّغنتّور

перемикач

صالون

вітальня

ورق تاع حيطان
шпалери
تصويرة
малюнок
لامبا
лампа
ايتجار
поличка
بلاكار
шафа
تيليفزيون
телевізор
شوميني
камін
زهرة
квітка
مخدة
подушка
صافا
диван
فاز
ваза
تيليكومند
пульт

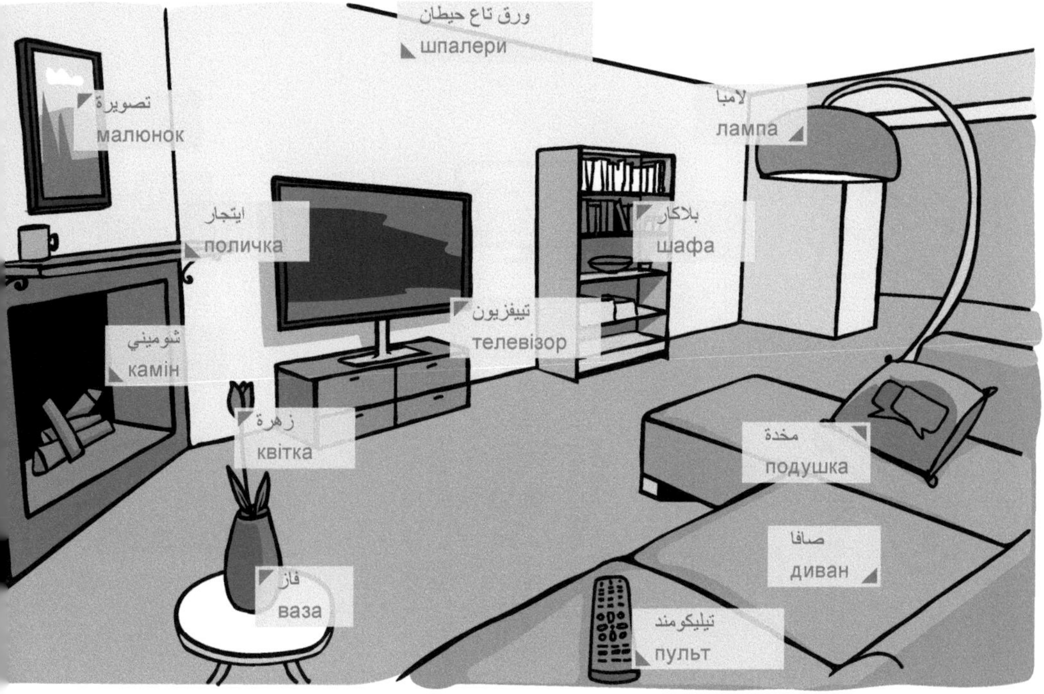

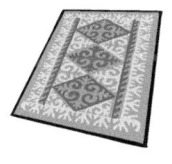

طابي

килим

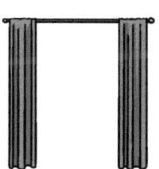

ريدو

завіса

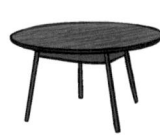

طابلة

стіл

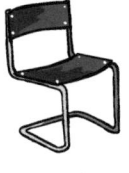

كرسي

стілець

كرسي ييوجي

крісло-гойдалка

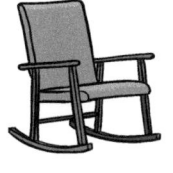

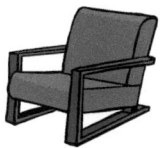

فوتاي

крісло

كتاب

книга

طوفيرطة

ковдра

زواق

прикраса

الحطب

дрова

فيلم

фільм

الستيريو

стереосистема

مفتاح

ключ

جرنان

газета

كادر

картина

بوستار

плакат

راديو

радіо

كناش

блокнот

اسبيراتور

пилосос

صبار

кактус

شمعة

свічка

كوزينا

кухня

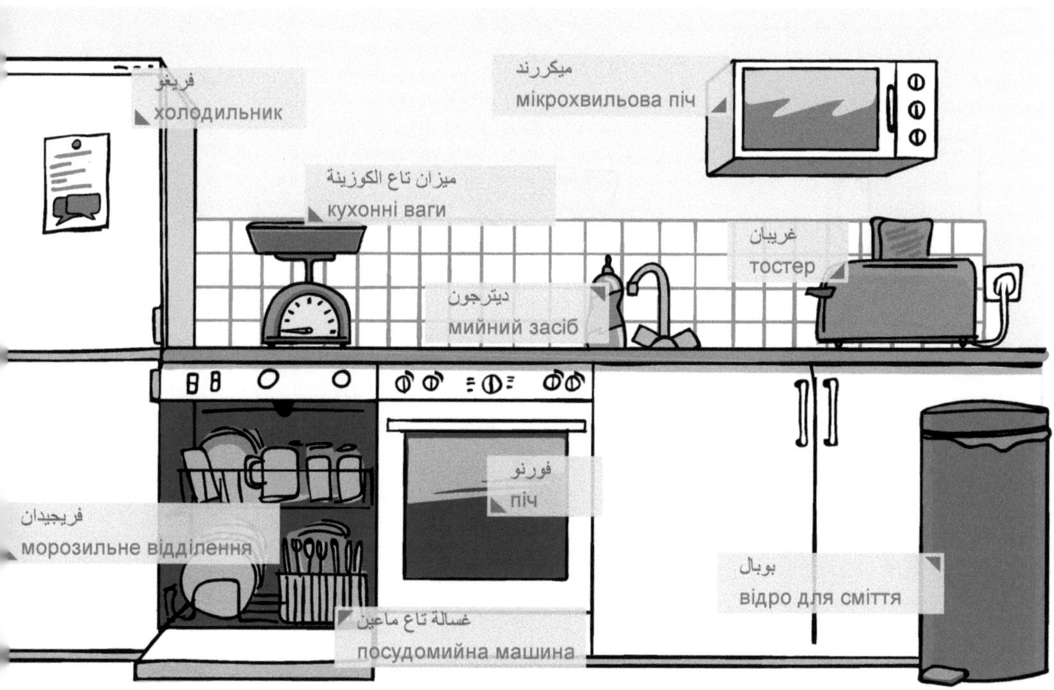

فريغو
холодильник
ميكررند
мікрохвильова піч
ميزان تاع الكوزينة
кухонні ваги
غريبان
тостер
ديترجون
мийний засіб
فورنو
піч
فريجيدان
морозильне відділення
بوبال
відро для сміття
غسالة تاع ماعين
посудомийна машина

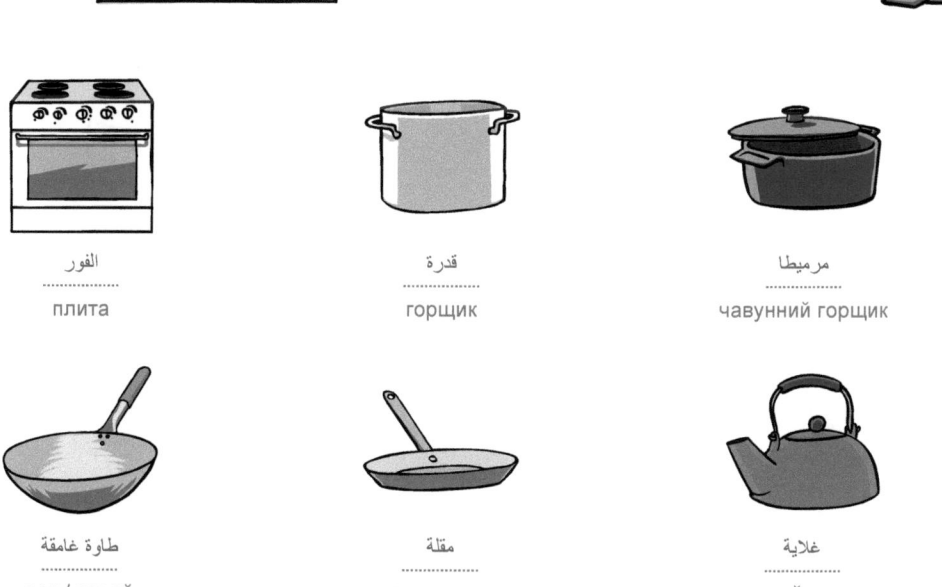

الفور
....
плита

قدرة
....
горщик

مرميطا
....
чавунний горщик

طاوة غامقة
....
вок / кадай

مقلة
....
сковорода

غلاية
....
чайник

قدرة

пароварка

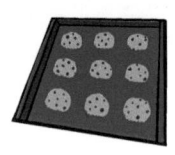

سني

лист

ماعين

посуд

قوبلي

кухоль

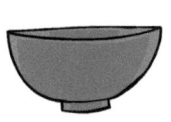

طبسي

чаша

مطارق تاع الماكلة

палички для їжі

لوشة

черпак

سباتولة

лопатка

الضرابة

вінчик для збивання

كسكاس

сито

صفاية

сито

راب

терка

مهراز

ступка

شواية

барбекю

موقد

багаття

كوزينا - кухня

بلونشا
دوشка

رولو
качалка

الحلال
штопор

قابسة
конзерва

الحلال
відкривачка

كتان
прихватки

لافابو
раковина

بروسة
щітка

بونجة
губка

الخلاط
міксер

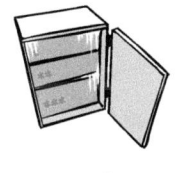

فريغو
морозильна камера

بيبيرونة
дитяча пляшка

سبالة
кран

الحمام

ванна кімната

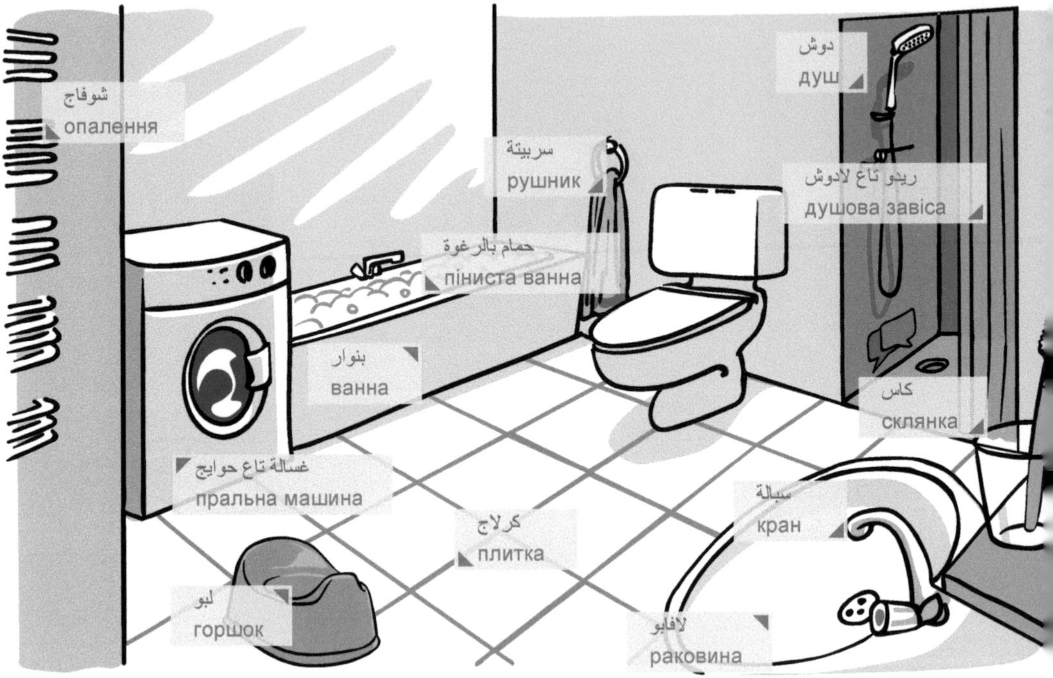

شوفاج
опалення
سربيتة
рушник
دوش
душ
ريدو تاع لادوش
душова завіса
حمام بالرغوة
піниста ванна
بنوار
ванна
كاس
склянка
غسالة تاع حوايج
пральна машина
كرلاج
плитка
سبالة
кран
لبو
горшок
لافابو
раковина

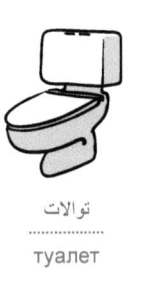

توالات

туалет

توالات تركي

підлоговий туалет

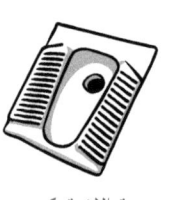

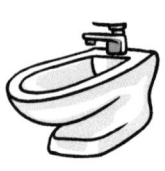

غسال الرجلين

біде

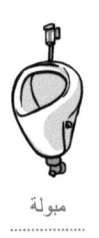

مبولة

пісуар

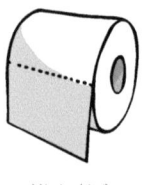

ورق تاع توالات

туалетний папір

بروسة تاع توالات

щітка для туалету

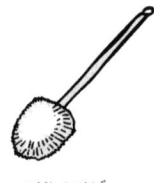

بروسدون

зубна щітка

دونتفريس

зубна паста

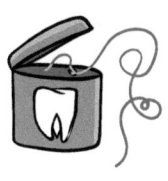

خيط السنان

нитка для чищення зубів

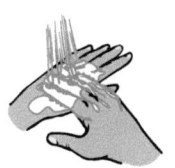

يغسل

мити

دوشات تاع دوش

ручний душ

دوشات

інтимний душ

لافابو

таз

بروسا تاع الظهر

щітка для спини

صابون

мило

جال دوش

гель для душу

شنبوان

шампунь

الحبل

мочалка

قادوس

водостік

بومادة

крем

ديودورون

дезодорант

مراية

дзеркало

مراة صغيرة

косметичне дзеркало

رازوار

бритва

لاموس

піна для гоління

كولون

лосьйон після гоління

مشطة

гребінь

بروسة

щітка

سشوار

фен

مثبت الشعر

лак для волосся

مكياج

косметика

روجالافر

губна помада

فرني

лак для нігтів

قطن

вата

كوبنغل

ножиці для нігтів

ريحة

парфум

تروسة تاع حمام

косметичка

طابوري

табурет

ميزان

ваги

بينوار

халат

ليغونات تاع النيتواياج

гумові рукавички

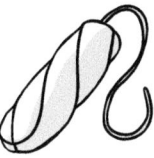

تمبون

тампон

ليبيوند

гігієнічні прокладки

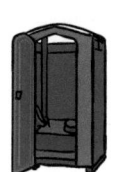

توالات

біотуалет

شمبرا تاع ذراري

дитяча кімната

ريفاي
будильник
نونورس
м'яка іграшка
لوطو جوي
іграшковий автомобіль
الخشخاش
брязкальце
دار تاع بوبيات
ляльковий будиночок
كادو
подарунок

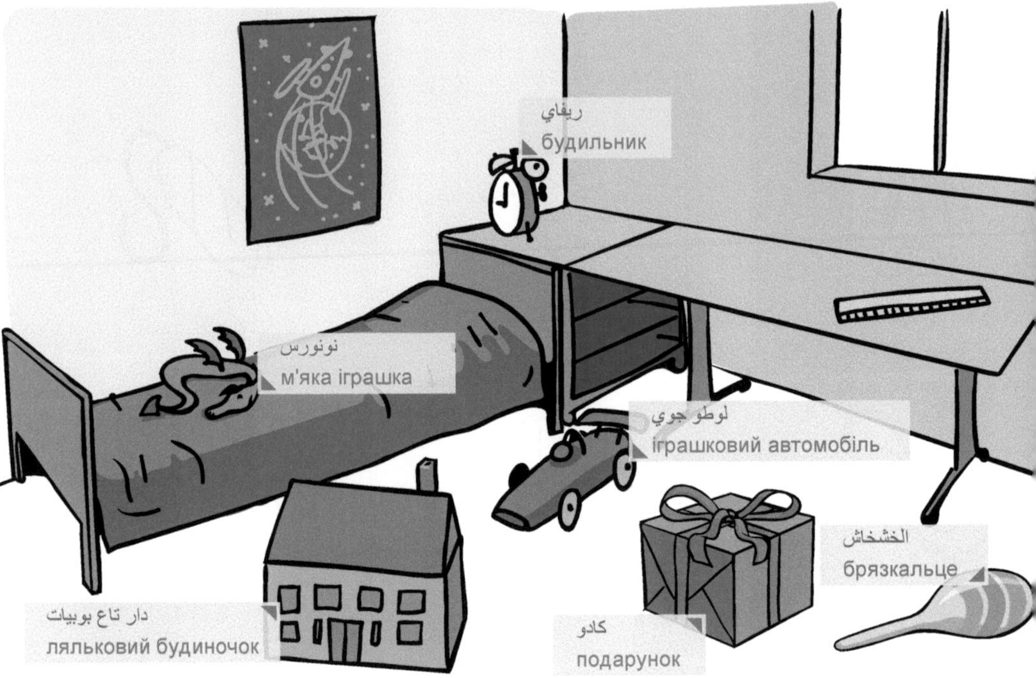

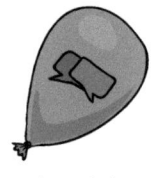

بالونة / نسافة

повітряна кулька

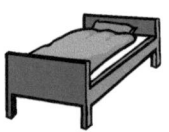

ناموسية

ліжко

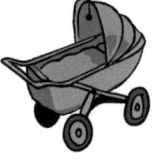

بوسات

дитячий візок

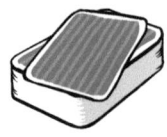

الكارطة

картярська гра

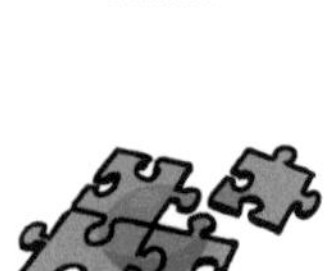

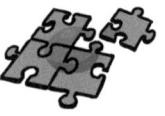

البوزيل

пазл

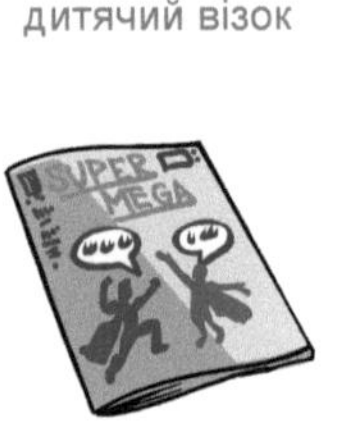

بوند ديسيني

комікс

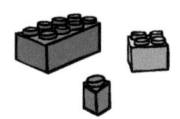

اللیغو

лего цеглинки

حجر بينوه

блоки

بوبية

іграшкова фігурка

لبسة تاع البيبي

повзунки

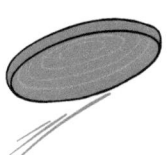

فريزي

фризбі

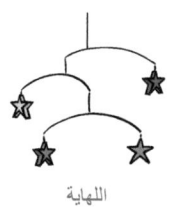

اللهاية

мобіле

لعبة الطابلة

настільна гра

الدي

кубик

التران

модель залізнична станція

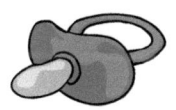

سوسات

соска

حفلة / الفيشطة

вечірка

كتاب بتصاوير

книжка з картинками

بالون

м'яч

بوبية

лялька

يلعب

грати

بارك بالرملة
....
пісочниця

بنصوار
....
гойдалка

جوي
....
іграшка

منيطا
....
гральна консоль

بيسكلات
....
триколісний велосипед

دبدوب
....
плюшевий мішка

ماريو
....
шафа

تقاشر
....
шкарпетки

ليبا
....
панчохи

كولو
....
колготки

شال
шарф

بريلوي
парасоля

تريكو
футболка

حزام
ремінь

بوط
чоботи

بنتوفلا
домашнє взуття

تينيسا / سبردينا
кросівки

صندالة
....
сандалі

صباط
....
взуття

بوط بلاستيك
....
гумові чоботи

كالسون
....
труси

سوتيان
....
бюстгальтер

حويج تاع داخل
....
нижня сорочка

لاسق على الجسم

боді

سروال

штани

جين

джинси

جيبا

спідниця

طابلية

блузка

قمجة

сорочка

تريكو

пуловер

قارديقون

светр

بلازار

піджак

فيستا

куртка

بالطو

пальто

بالطو

дощовик

كوستيم

костюм

روبا

сукня

روب بلونش

весільна сукня

كوستيم

костюм

شوميز دونوي

нічна сорочка

بيجاما

піжама

ساري

сарі

حجاب

головна хустка

عمامة

чалма

برقع

бурка

قفطان

кафтан

عباية

абая

مايو

купальник

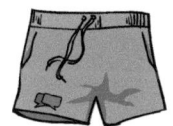

سروال تاع عوم

плавки

شورت

шорти

لبسة تاع سبور

тренувальний костюм

طابلية

фартух

ليقونات

рукавички

قفلة

گудзик

نواظر

окуляри

براسلي

браслет

سنسلة

ланцюг

خاتم

кільце

منقوش

сережка

بوني

шапка

سانتر

плічка

شابو

капелюх

قرافاطة

краватка

غيمة

застібка-блискавка

كاسك

шолом

بروتال

підтяжки

اللبة تاع ليكول

шкільна форма

لينيفورم

уніформа

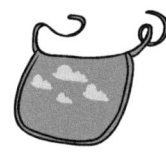

رياقة

....

нагрудник

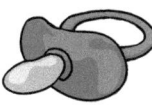

سوسات

....

соска

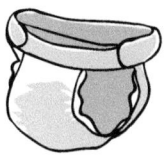

ليكوش

....

підгузок

بيرو
офіс

سارفر
сервер
خزانة تاع الملفات
шаф для документів
امبريمانت
принтер
ورقة
папір
ليكرون
монітор
بيرو
письмовий стіл
لاسوري
миша
كلاسور
папка
كلافيي
синтезатор
بوبال
кошик для паперу
كرسي
стілець
اوردينانور
комп'ютер

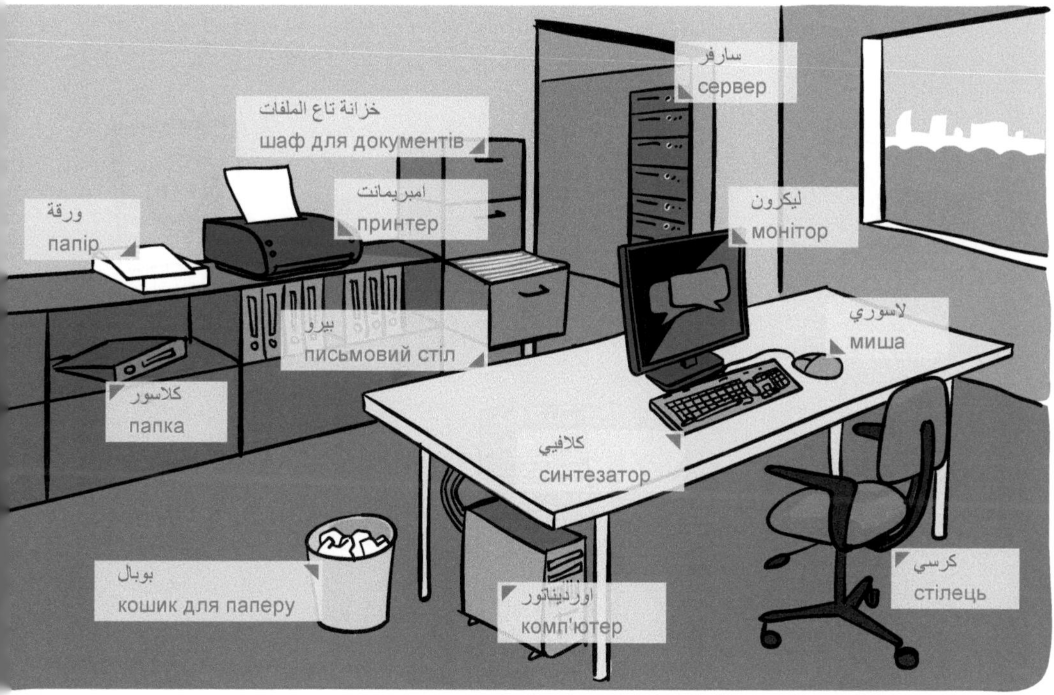

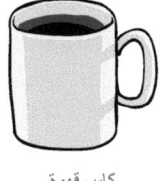

كاس قهوة

....

кавовий кухоль

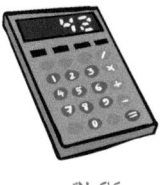

كاكولاتريس

....

калькулятор

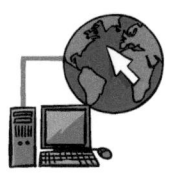

لانترنت

....

інтернет

اورديناتور

ноутбук

برية

лист

ميساج

повідомлення

بورطابل

мобільний телефон

ريزو

мережа

فوطوكوبي

копіювальний пристрій

لوجسيال

програмне забезпечення

تيلفون

телефон

بريزة

розетка

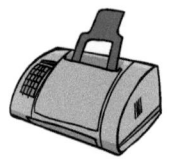

فاكس

факс

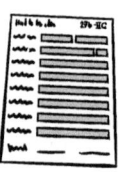

استمارة

бланк

وثيقة

документ

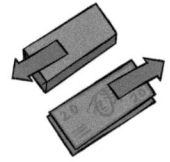

يشري

купувати

يخلص

платити

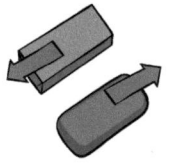

يتاجر

торгувати

دراهم

гроші

دولار

долар

اورو

євро

ين

ієна

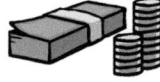

روبل

рубль

فرنك سويسري

франк

يوان

юанів женьміньбі

روبية

рупія

ديستربيتور

банкомат

بيرة تاع الصرف

обмінний пункт

ذهب

золото

فضة

срібло

نفط

нафта

طاقة

енергія

السومة

ціна

عقد

контракт

طاكس

податок

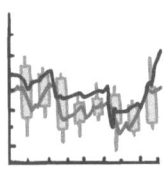

سهم

акція

يخدم

працювати

خدام

працівник

مول الشي

роботодавець

وزين

фабрика

حانوت

магазин

الخدمة

професії

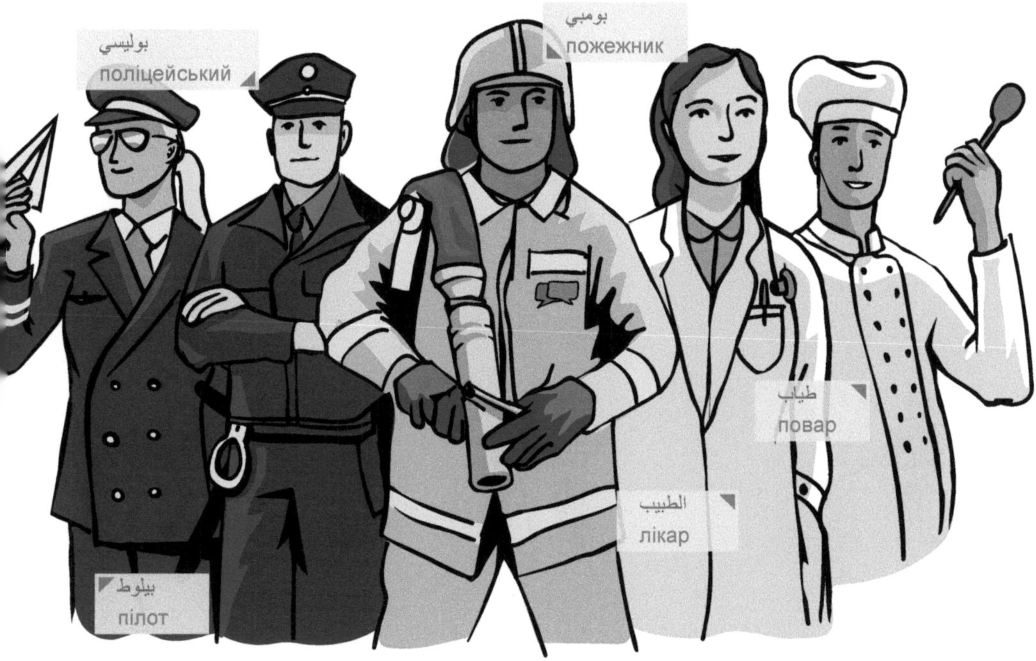

بوليسي
поліцейський
بومبي
пожежник
طياب
повар
الطبيب
лікар
بيلوط
пілот

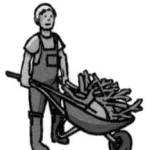

جرديني
садівник

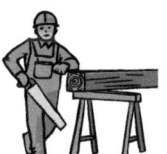

نجار
столяр

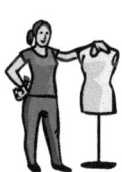

خياط
швачка

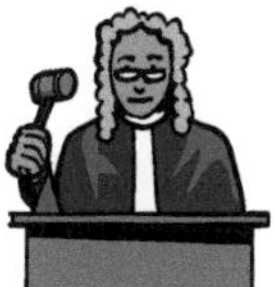

قاضي
суддя

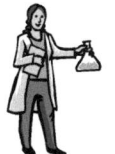

شيميك
хімік

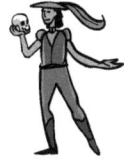

ممثل
актор

شوفير
....
водій автобуса

طاكسيور
....
таксист

صياد
....
рибалка

خدامة
....
прибиральниця

ماصو تاع السقف
....
покрівельник

سارفور
....
офіціант

صياد
....
мисливець

بنتار
....
художник

خباز
....
пекар

الكتريسيان
....
електрик

ماصون
....
будівельник

مهندس
....
інженер

بوشي
....
забійник

بلومبي
....
бляхар

فاكتور
....
листоноша

جندي

солдат

ارشيتكت

архітектор

كاسسي

касир

بياع اورد

флорист

كوافير

перукар

الكنترول

кондуктор

ميكانيسيان

механік

كابيتان

капітан

طبيب سنان

дантист

عالم

вчений

حاخام

рабин

امام

імам

موان

монах

موان

пастор

ليزوتي
інструменти

كلاب
щипці
مارطو
молоток
تورنفيس
викрутка
مفتاح
гайковий ключ
تورشا
кишеньковий

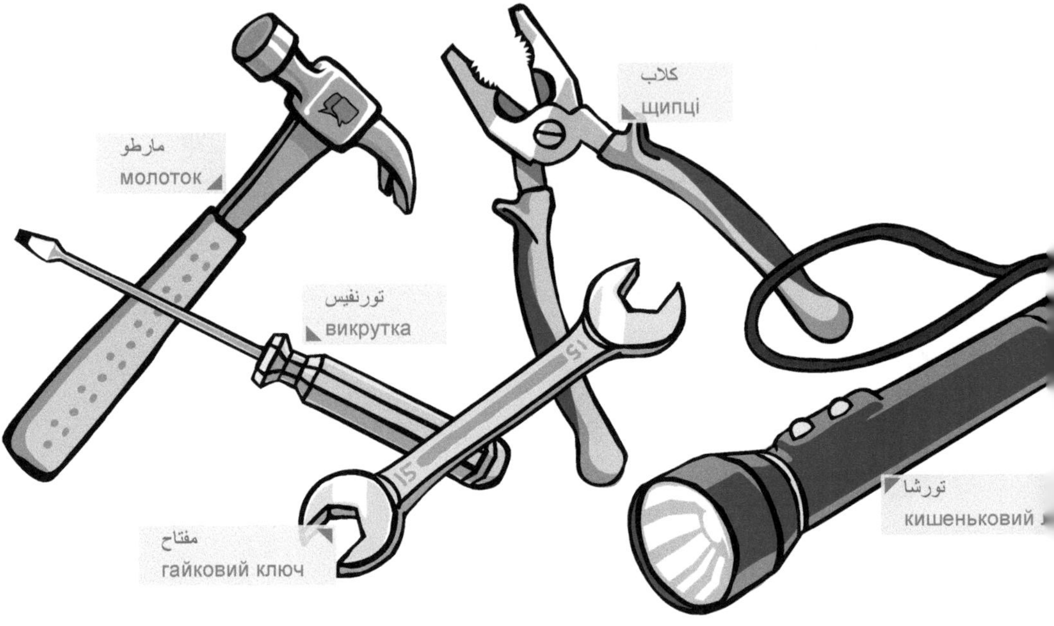

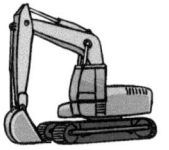

جرافة

екскаватор

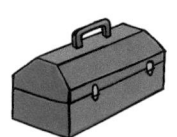

قايصة نتاع ليزوتي

ящик для інструментів

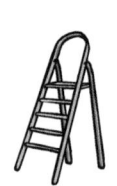

سلوم

драбина

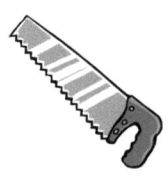

منشار

пилка

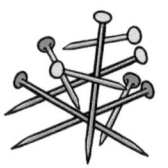

مسامير

цвяхи

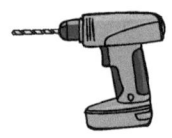

برسوز

свердло

يصنع
....
ремонтувати

البالة
....
лопата

ياويلي
....
лайно!

بالا
....
совок

بو تاع بنتورة
....
відро з фарбою

ليفيس
....
гвинти

آلات موسيقية
музичні інструменти

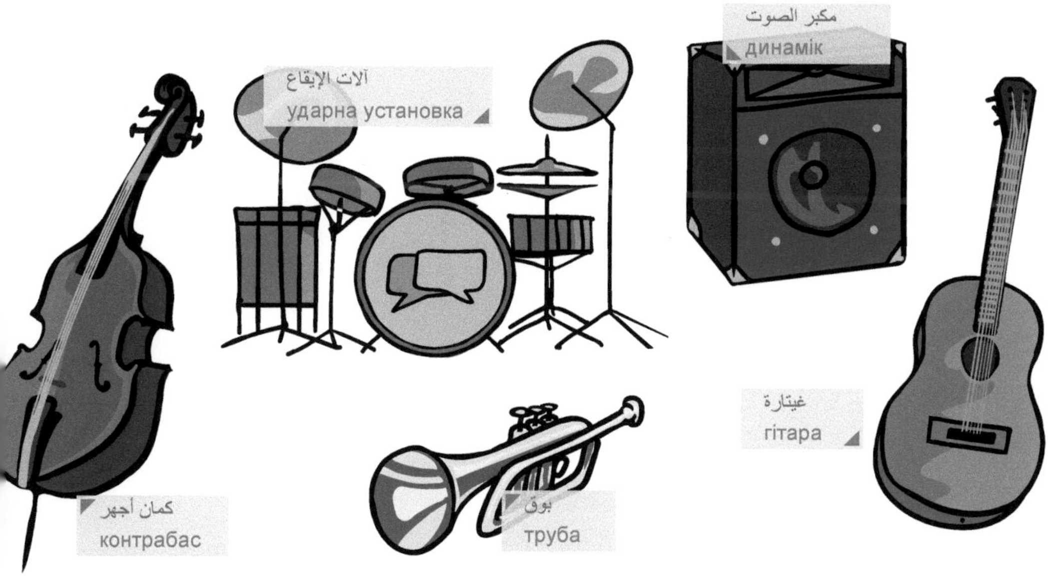

مكبر الصوت
динамік

آلات الإيقاع
ударна установка

كمان أجهر
контрабас

بوق
труба

غيتارة
гітара

بيانو

فورتيپيانو
фортепіано

كمنجة

скрипка

جهير

бас

طبل كبير

литаври

طبل

барабан

بيانو كهربائي

клавіатура

ساكسوفون

саксофон

ناي

флейта

ميكروفون

мікрофон

حديقة حيوانات

зоопарк

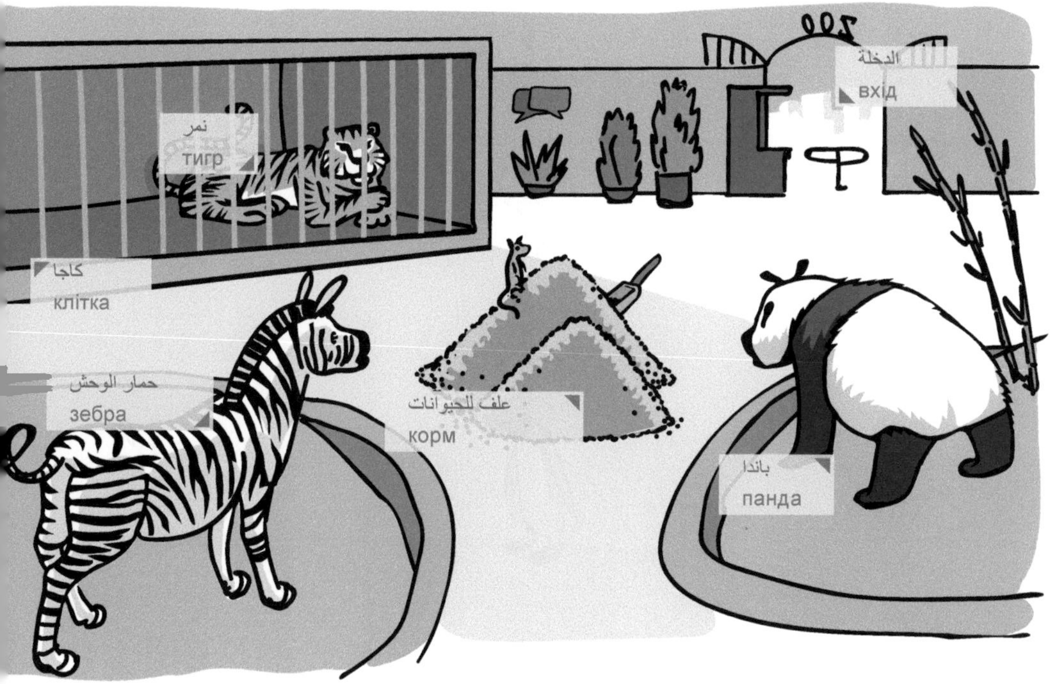

الدخلة
вхід
نمر
тигр
كاجا
клітка
حمار الوحش
зебра
علف للحيوانات
корм
باندا
панда

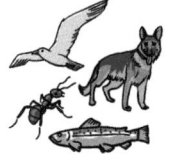

حيوانات

тварини

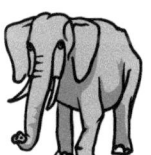

فيل

слон

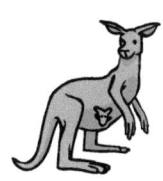

كنغر

кенгуру

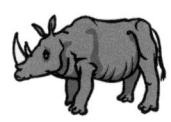

وحيد القرن

носоріг

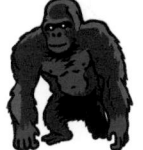

غوريلا

горила

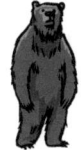

دب

ведмідь

جمل

верблюд

نعامة

страус

سبع

лев

شيطان

мавпа

فلامونغوز

фламінго

بيروكي

папуга

دب قطبي

білий ведмідь

بطريق

пінгвін

سمك القرش

акула

طاووس

павич

لفعة

змія

تمساح

крокодил

عساس في حديقة الحيوان

працівник зоопарку

عجل البحر

тюлень

نمر أمريكي مرقط

ягуар

حديقة حيوانات - **зоопарк**

فرس قزم

поні

نمر

леопард

فرس النهر

гіпопотам

زرافة

жираф

نسر

орел

حلوف

кабан

حوت

риба

فكرون

черепаха

حيوان فظ البحري

морж

ثعلب

лисиця

غزال

газель

спорт

بالون اميريكا
американський футбол

الركبة تاع البيسكلت
їзда на велосипеді

تينيس
теніс

باسكات
баскетбол

العوم
плавання

بوكس
бокс

هوكي
хокей

بالون
....
футбол

الريشة الطائرة
....
бадмінтон

اتلاتيزم
....
легка атлетика

الهوند
....
гандбол

سكي
....
лижні перегони

بولو
....
поло

يضحك
сміятися

ينقز
стрибати

يعنق
обіймати

يمشي
йти

يغني
співати

ينوم
мріяти

يصلي
молитися

يبوس
цілувати

يكتب
писати

يرسم
малювати

يوري
показувати

يدمر
тиснути

يعطي
давати

يدي
брати

يملك

مати

يخدم

робити

كاين

бути

يوقف

стояти

يجري

бігати

يجبد

тягнути

يقيس / يرمي

кидати

يطيح

падати

يتكسل

лежати

يشوف

очікувати

يرفد

носити

يقعد

сидіти

يليس

одягати

يرقد

спати

ينوظ

просипатися

يْشوف في
ديvitися
дивитися

يبكي
плакати

يحكك
гладити

يمشّط
розчісувати

يهدر
розмовляти

يفهم
розуміти

يسقسي
питати

يسمع
слухати

يشرب
пити

يأكل
їсти

يخمل
прибирати

يبغي
любити

يطيب
варити

يصوق
їхати

يطير
літати

يبحر بالفلوكة

йти під вітрилом

يحسب

рахувати

يقرا

читати

يتعلم

вчитися

يخدم

працювати

يتزوج

одружуватися

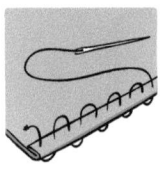

يخيط

шити

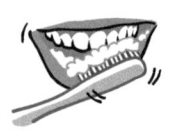

يغسل سنانو

чистити зуби

يكتل

убивати

يكمي

курити

يرسل

посилати

الحدة
بابуся

الجد
дідуся

الاب
батько

الأم
мати

الذري
немовля

البنت
донька

الولد
син

ضيف
гість

العمة / الخالة
тітка

العم / الخال
дядько

الخو
брат

الخت
сестра

الجسم

тіло

الجبهة
чоло
العين
око
الكتف
плече
صبع
палець
الوجه
обличчя
اللحية
підборіддя
اليد
кисть
الساق
нога
الصدر
груди
الذراع
рука

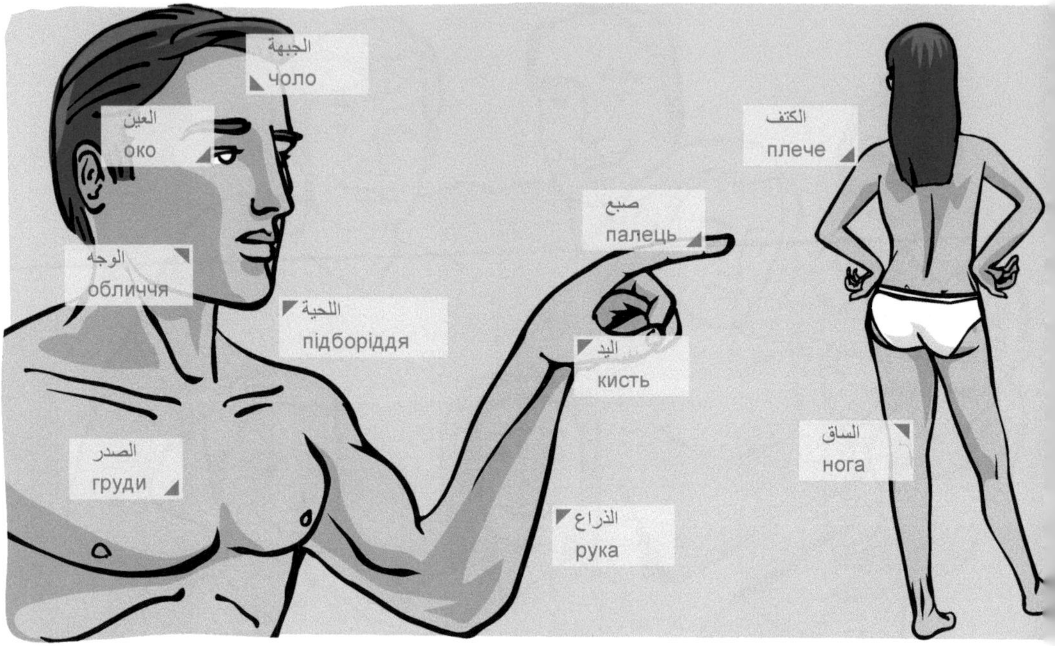

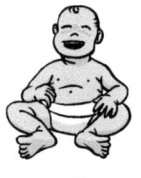

الذري

немовля

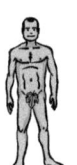

الراجل

чоловік

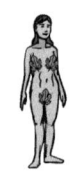

المرا

жінка

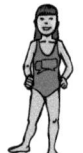

الشيرة، الطفلة

дівчина

الشير

хлопчик

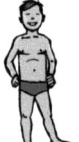

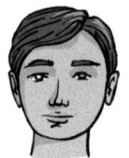

الراس

голова

ظهر

спина

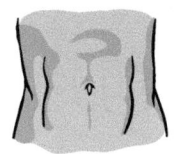

الكرش

живіт

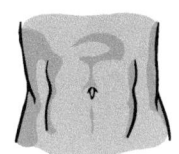

السرة

пуп

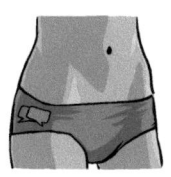

صبع

палець ноги

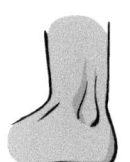

طالون

п'ята

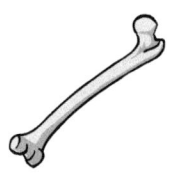

العظم

кістка

المرادف

стегно

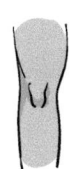

الركبة

коліно

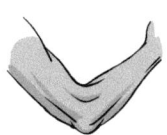

لمرفغ

лікоть

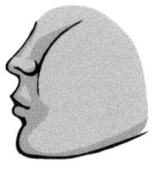

نيف

ніс

مصاصيط

сідниці

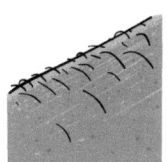

البشرة

шкіра

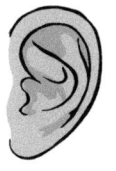

الحنوك

щока

لوذن

вухо

شورب

губа

الفم

рот

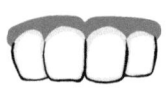

السنة

зуб

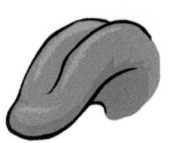

اللسان

язик

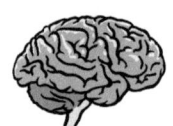

الدماغ

мозок

القلب

серце

العضلة

м'яз

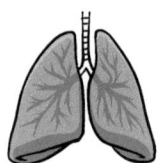

الرية

легені

الكبدة

печінка

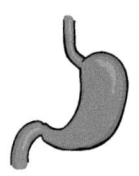

المعطول

шлунок

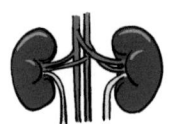

كلوى

нирки

رابور

статевий акт

فيتفارزيرب

презерватив

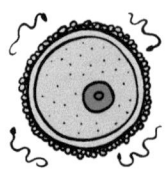

البويضة

яйцеклітина

سبرم

сперма

شركلب

вагітність

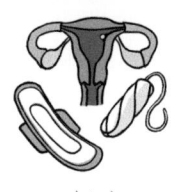

ليراغل
....
менструація

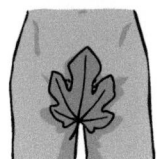

المهبل
....
вагіна

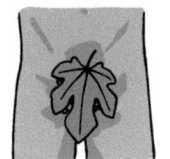

المذاكر
....
пеніс

الحاجب
....
брова

الشعر
....
волосся

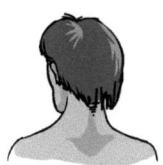

رقبة
....
шия

سبيطار

лікарня

سبيطار
лікарня
لانبيلونس
машина швидкої допомоги
الكرسي المتحرك
інвалідний візок
فاتورة
перелом

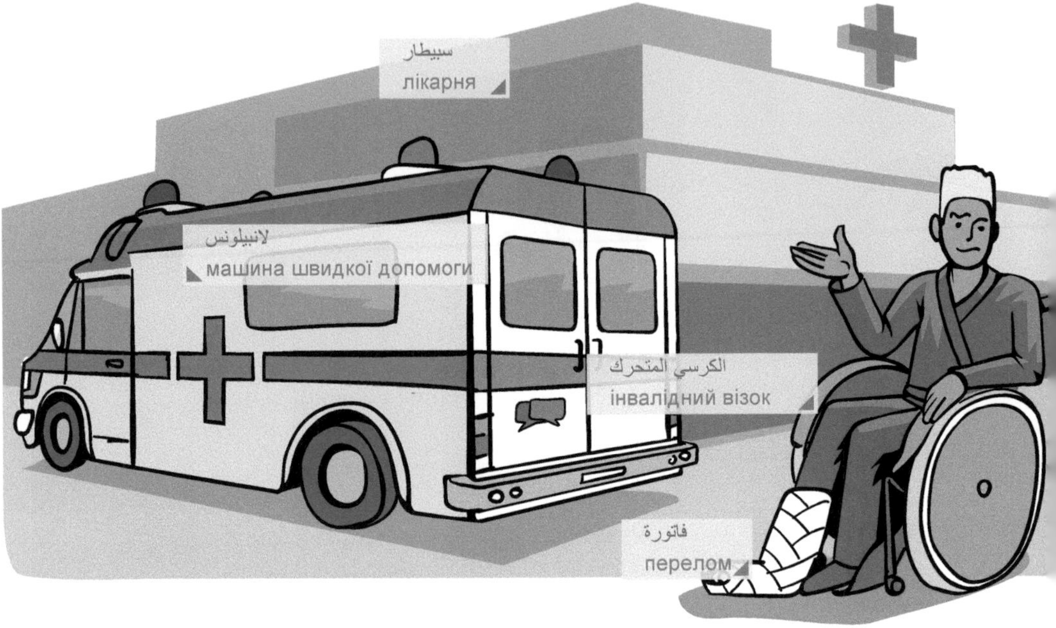

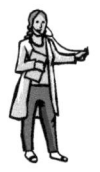

الطبيب

лікар

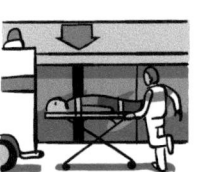

ليزيرجونس

відділення швидкої медичної допомоги

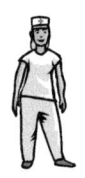

الممرضة

медсестра

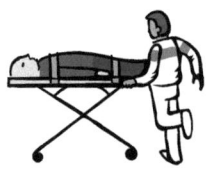

ليرجونس

аварійний випадок

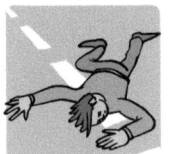

تغاشى

непритомний

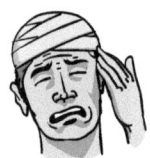

الوجع

біль

الجرح

травма

يسل الدم

кровотеча

القلب

інфаркт

لافيسي

інсульт

لالرجي

алергія

الكحة

кашель

الحمة

лихоманка

لاقريب

грип

الاسهال

пронос

ميغران

головна біль

السرطان

рак

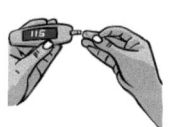

السكر

діабет

الجراح

хірург

مبضع

скальпель

عملية تاع القلب

операція

لاسيتي

КТ

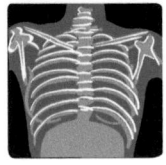

الراديو

рентген

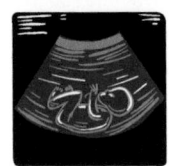

لولتخازون

ультразвук

لماسك

маска

المرض

хвороба

وين يقارعو

зал очікування

العكاز

милиця

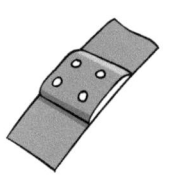

سكوتش

пластир

لبانسما

пов'язка

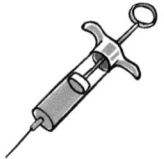

لبرة

ін'єкція

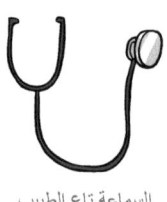

السماعة تاع الطبيب

стетоскоп

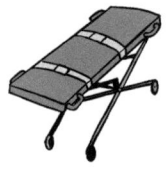

نقالة

ноші

لوزنو بيه الحمة

термометр

زيادة

народження

السمونية

надмірна вага

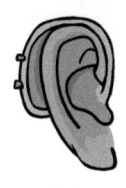

جهاز السمع

слуховий апарат

المعقم

дезінфікуючий засіб

لنفكسون

інфекція

الفيروس

вірус

السيدا

ВІЛ / СНІД

الدوا

медицина

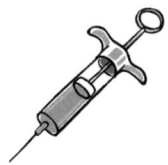

الفاكسان

вакцинація

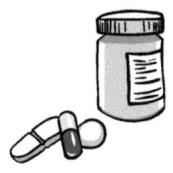

الدوا حب

таблетки

بيلولة

протизаплідна пігулка

يعيط للنجدة

екстрений виклик

الجهاز ليقيسو بيه الدم

тонометр

مريض / صحيح

хворий / здоровий

سلكوني

Допоможіть!

اللارم

сигнал тривоги

يتعدادا

напад

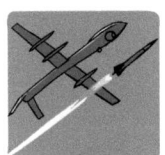

يهجم

атака

دونجي

небезпека

مخرج الطوارئ

аварійний вихід

النار شاعلة

Вогонь!

لكستانتور

вогнегасник

اكسيدون

аварія

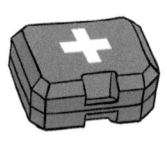

فيزة تاع الاسعاف الاولي

аптечка

سلكونا

СОС

لابوليس

поліція

أوروبا

Європа

أمريكا الشمالية

Північна Америка

أمريكا الجنوبية

Південна Америка

أفريقيا

Африка

آسيا

Азія

أستراليا

Австралія

المحيط الأطلسي

Атлантика

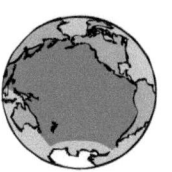

المحيط الهادي

Тихий океан

المحيط الهندي

Індійський океан

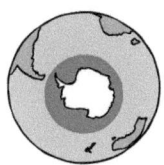

المحيط المتجمد الجنوبي

Антарктичний океан

المحيط المتجمد الشمالي

Північний Льодовитий
океан

القطب الشمالي

Північний полюс

القطب الجنوبي

Південний полюс

منطقة القطب الجنوبي

Антарктика

أرض

Земля

بلاد

суша

بحر

море

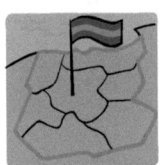

جزيرة

острів

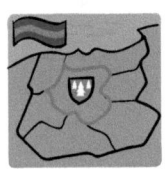

امة

нація

دولة

держава

ميناء الساعة

циферблат

عقرب الساعات

годинникова стрілка

عقرب الدقائق

хвилинна стрілка

عقرب الثواني

секундна стрілка

شعال راها الساعة؟

Котра година?

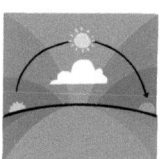

يوم

день

زمن

час

دروك

зараз

ساعة رقمية

цифровий годинник

دقيقة

хвилина

ساعة

година

тиждень

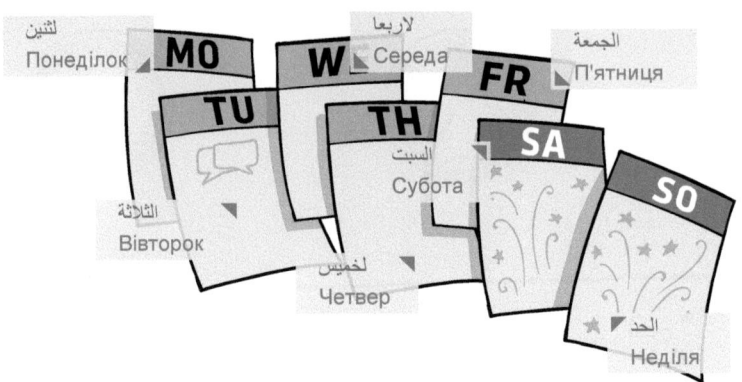

لثنين
Понеділок

لاربعا
Середа

الجمعة
П'ятниця

الثلاثة
Вівторок

السبت
Субота

لخميس
Четвер

الحد
Неділя

لبارح

вчора

اليوم

сьогодні

غدوا

завтра

صباح

ранок

القايلة

опівдні

العشية

вечір

يامات الخدمة

робочі дні

ويكاند

кінець робочого тижня

العام
рік

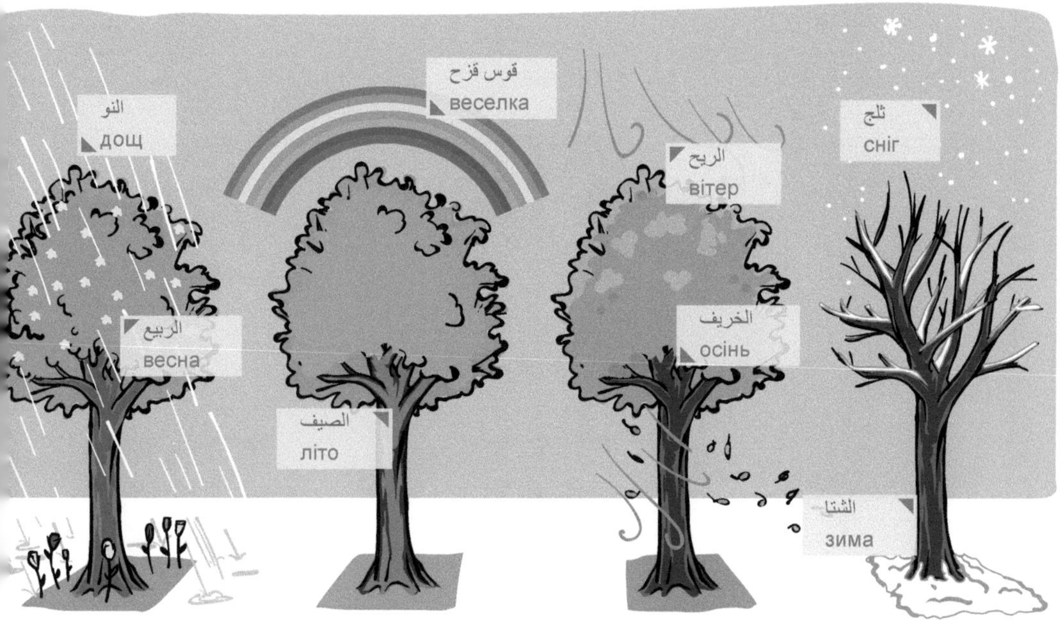

النو
дощ
قوس قزح
веселка
الريح
вітер
ثلج
сніг
الربيع
весна
الصيف
літо
الخريف
осінь
الشتا
зима

4.APRIL 11°
5.APRIL 4°
6.APRIL 13°
7.APRIL 8°
8.APRIL 10°

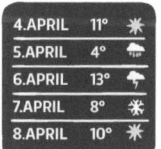

يتنبأ بالحال
....
прогноз погоди

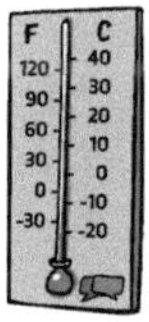

F C
120 40
90 30
60 20
30 10
0 0
-30 -10
-20

مقياس حرارة
....
термометр

ضوء الشمس
....
сонячне світло

سحابة
....
хмара

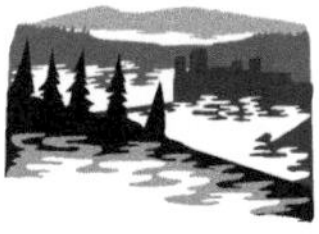

ضباب
....
туман

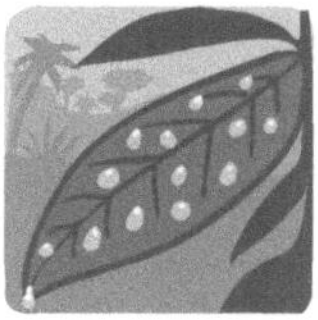

ميديتي
....
вологість повітря

برق
....
блискавка

رعد
....
грім

عاصفة
....
шторм

بَرَد
....
град

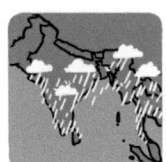

ريح
....
мусон

طوفان
....
повінь

جليد
....
лід

جانفي
....
Січень

فيفري
....
Лютий

مارس
....
Березень

افريل
....
Квітень

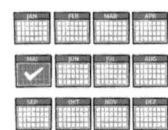

ماي
....
Травень

جوان
....
Червень

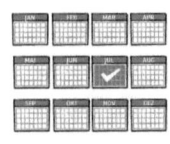

جويلية
....
Липень

اوت
....
Серпень

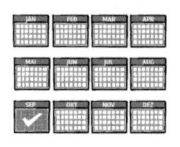

سبتمبر

Вересень

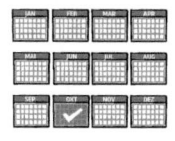

اكتوبر

Жовтень

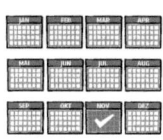

نوفمبر

Листопад

ديسمبر

Грудень

دويرة

круг

مربع

квадрат

مستطيل

прямокутник

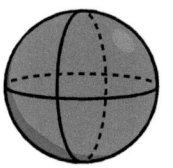

مثلث

трикутник

كويرة

куля

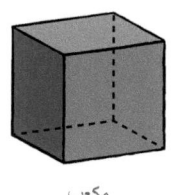

مكعب

куб

بيض

білий

صفر

жовтий

تُشيني

помаранчевий

روز

рожевий

حمر

червоний

حلحالي

фіолетовий

زرق

синій

خظر

зелений

قهوي

коричневий

قري

сірий

كحل

чорний

بزاف / شوية

багато / мало

زعفان / مكالمي

лютий / мирний

شباب / مشي شباب

гарний / бридкий

البدية / التالي

початок / кінець

كبير / صغير

великий / малий

فاتح / فونسي

світлий / темний

خو / خت

брат / сестра

نقي / موسخ

чистий / брудний

كامل / ناقص

завершений /
незавершений

نهار / الليل

день / ніч

ميت / حي

мертвий / живий

عريض / ضيق

широкий / вузький

يقدو ياكلوه / ميقدروش ياكلوه

їстівний / неїстівний

شرير / ناس ملاح

злий / дружній

يثير / يمل

збуджений / нудьгуючий

سمين / رقيق

товстий / тонкий

اللولا / التالية

спочатку / востаннє

الصاحب / لعدو

друг / ворог

معمر / فارغ

повний / порожній

قاصح / سوبل

жорсткий / м'який

ثقيل / خفيف

важкий / легкий

جوع / عطش

голод / спрага

مريض / صحيح

хворий / здоровий

غير شرعي / شرعي

незаконний / законний

ذكي / مبوقل

розумний / дурний

يسار / يمين

вліво / вправо

قريب / بعيد

поруч / далеко

جديد / مستعمل

новий / використаний

مكانش / شوية

нічого / щось

شيباني / شاب

старий / молодий

يشعل / يطفئ

вкл / викл

محلول / مبلع

відкрито / закрито

بشوية / بلفور

тихо / гучно

مرفح / زوالي

багатий / бідний

نيشان / خاطيء

правильно / неправильно

حرش / رطب

шорсткий / гладкий

ز عفان / فرحان

сумний / щасливий

قصير / طويل

короткий / довгий

بشوية / بلخف

повільно / швидко

مشمخ / ناشف

вологий / сухий

حامي / بارد

гарячий / холодний

القيرة / لامان

війна / мир

الضد - протилежності

0

صفر

нуль

1

واحد

один

2

زوج

два

3

ثلاثة

три

4

ربعة

чотири

5

خمسة

п'ять

6

ستة

шість

7

سبعة

сім

8

ثمانية

вісім

9

تسعة

дев'ять

10

عشرة

десять

11

شعداح

одинадцять

12
شناعث
دvانادцять

13
شلاطتل
тринадцять

14
شراباطر
чотирнадцять

15
خمسطاعش
п'ятнадцять

16
سطاعش
шістнадцять

17
سبعطلتعش
сімнадцять

18
ثمنطاعش
вісімнадцять

19
تساعطاش
дев'ятнадцять

20
عشرون
двадцять

100
مية
сто

1.000
ألف
тисяча

1.000.000
مليون
мільйон

انقلي

англійська

انغلي تاع مريكان

американська англійська

لغة الشنوية

китайська
високочиновницька

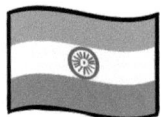

الهندية

хінді

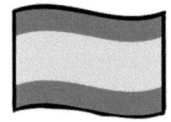

سبنيولية

іспанська

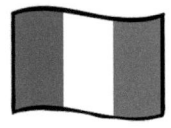

الفرونسي

французька

العربية

арабська

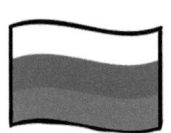

الروسية

російська

البوتغالية

португальська

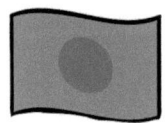

البنغالية

бенгальська

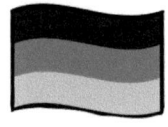

لالمنية

німецька

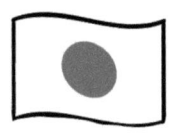

الجابونية

японська

انا

Я

نتا

ти

هو

він / вона / воно

حنايا

ми

نتوما

ви

هوما

вони

شكون

хто?

واش

що?

كيفاش

як?

وين

де?

وقتاش

коли?

الاسم

ім'я

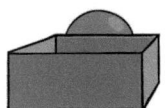

مرول

ззаду

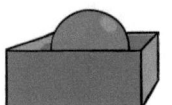

في

в

قدام

перед

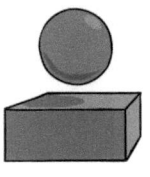

فوق

над

على

на

تحت

під

حدا

біля

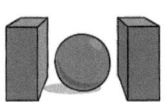

بين

між

بلاصة

місце